Manual de la guía GAS-VI
Un instrumento para el diseño y la evaluación de los apoyos
para la vida independiente de personas con discapacidad

MANUAL DE LA GUÍA GAS-VI

UN INSTRUMENTO PARA EL DISEÑO Y LA EVALUACIÓN DE LOS APOYOS PARA LA VIDA INDEPENDIENTE DE PERSONAS CON DISCAPACIDAD

Ana Rey Freire (Coordinadora)
Maialen Beltrán Arreche
Gemma Diaz-Garolera
Judit Fullana Noell
Maria Pallisera Díaz
Carolina Puyaltó Rovira
Maria Josep Valls Gabernet
Carme Vidal López
Montserrat Vilà Suñé

Documenta
Universitaria

Datos CIP recomendados por la Biblioteca de la UdG

CIP 374.2/.4 BEL

Beltrán Arreche, Maialen, autor
    Manual de la guía GAS-VI : un instrumento para el diseño
    y la evaluación de los apoyos para la vida independiente
    de personas con discapacidad / Ana Rey Freire (Coordinadora) ;
    Maialen Beltrán Arreche, Gemma Díaz-Garolera, Judit Fullana
    Noell, Maria Pallisera Díaz, Carolina Puyaltó Rovira, Maria Josep
    Valls Gabernet, Carme Vidal López, Montserrat Vilà Suñé. –
    Girona : Documenta Universitaria, 2023. – 63 pàgines ; cm
    ISBN 978-84-8458-674-6

I. Rey Freire, Ana, editor literari II. Fullana Noell, Judit, autor
III. Díaz Garolera, Gemma, autor IV. Pallisera, Maria, autor
V. Puyalto, Carol, autor VI. Valls Gabernet, Maria Josep, autor
VII. Vidal López, Carme, autor VIII. Vilà Suñé, Montserrat, autor
1. Persones amb discapacitat – Integració 2. Persones amb
discapacitat – Serveis socials

CIP 374.2/.4 BEL

Proyecto PDC2021-121510-I00 financiado por:

Corrección y revisión de los artículos: Laura Serral
© del texto y de las imágenes: los autores y las autoras
© del diseño de la cubierta: Documenta Universitaria
© de la edición: Documenta Universitaria

ISBN Servei de Publicacions de la UdG: 978-84-8458-674-6

ISBN Documenta Universitaria: 978-84-9984-608-8
Depósito Legal: GI-644-2024

Impreso en Catalunya (Spain)
Girona, 2024

ÍNDICE

Introducción al manual

1. Apoyo a la V.I. desde el modelo de derechos 11
   1.1. ¿Qué es la vida independiente (V.I.)?.. 11
   1.2. ¿Qué son los apoyos desde la perspectiva de la CDPD? 12

2. La guía GAS-VI.Objetivos y elaboración 13
   2.1. Objetivo: ¿qué es la guía GAS-VI?.. 13
   2.2. ¿En qué consiste la guía GAS-VI?... 13
   2.3. ¿Por qué hemos elaborado la guía?... 14
   2.4. ¿Cómo se ha elaborado la guía? 14
      2.4.1. Primera fase de elaboración de la guía GAS-VI:
             diseño inicial 16
      2.4.2. Segunda fase de la elaboración de la guía GAS-VI:
             validación 16
      2.4.3. Tercera fase de elaboración de la guía GAS-VI:
             prueba piloto 19

El manual

1. La guía GAS-VI: áreas, dimensiones e indicadores 23
   1.1. Dimensión individual 23
   1.2. Dimensión interpersonal 25
   1.3. Dimensión organizativa 26
   1.4. Dimensión comunitaria 27
   1.5. Áreas e indicadores 28

2. Componentes de la guía GAS-VI 35

3. Sistema de puntuación 37

4. Funcionamiento de la guía GAS-VI 39
   4.1. Orientación general para su administración 39
   4.2. Administrar los formularios a las personas con discapacidad
        intelectual 40
   4.3. Responder a los ítems de los formularios 41
   4.4. La obtención de los resultados 41
   4.5. El papel de la persona que recibe apoyo 42
   4.6. La utilización de la aplicación web 42
        4.6.1. Sin registro de usuario 42
        4.6.2. Con registro de usuario 44

5. Usos de la guía GAS-VI 47
   5.1. Posibles aplicaciones de la guía 47
   5.2. Ejemplos de uso 49
        5.2.1. La experiencia de la Asociación AMICA (Cantabria).
               Descripción de un caso (María José Cabo y Desiré Montes) 49
        5.2.2. La experiencia de la Fundació Ramon Noguera.
               Descripción de un caso (Ester Triadó) 52
        5.2.3. La experiencia de la Fundació TRESC. Descripción
               de un caso (Elsa Vila y Cristina Ferrer) 54
        5.2.4. La visión desde la organización. La experiencia
               de la Fundació Catalana de la Síndrome de Down (FCSD)
               (Pep Ruf y Catalina Ramon) 56

6. Agradecimientos 59

Bibliografía 61

Introducción
al manual

1. Apoyo a la V.I. desde el modelo de derechos

1.1. ¿Qué es la vida independiente (V.I.)?

La **Convención sobre los Derechos de las Personas con Discapacidad** (CDPD) (Naciones Unidas, 2006) establece, en el artículo 19, el derecho a vivir de forma independiente y a ser incluido en la comunidad. Concretamente, se indica que cada persona tiene derecho a decidir dónde y con quién vivir, a tener acceso a los servicios de apoyo y asistencia personal, y a participar plenamente en la comunidad. La **Observación general núm. 5** (2017) sobre el derecho a vivir de forma independiente y a ser incluido en la comunidad (Comité sobre los Derechos de las Personas con Discapacidad) desarrolla el artículo 19 profundizando en el significado de vida independiente, la cual se entiende como una cuestión de derechos humanos y civiles: se refiere a que la persona tenga control sobre su vida, desarrollando su proyecto de vida elegido, e incluyendo la toma de decisiones sobre los apoyos que recibe. Por lo tanto, se rechaza una visión de independencia simple de carácter funcional, entendida como la capacidad de llevar a cabo acciones cotidianas sin apoyo de otras personas. Ello excluiría de gozar del derecho a la vida independiente a aquellas personas que requieren apoyos de distinta intensidad. La vida independiente está en relación con vivir de acuerdo con el proyecto de vida elegido, con el respeto a las voluntades e intereses de todas las personas con discapacidad. En este sentido, disponer de los apoyos que permitan, a la persona con discapacidad, desarrollar su proyecto de vida deseado es una condición necesaria para gozar del derecho a la vida independiente.

1.2. ¿Qué son los apoyos desde la perspectiva de la CDPD?

En cuanto a los apoyos, la CDPD (2006) establece en los artículos 4 y 31 que las personas con discapacidad tienen derecho a participar en las decisiones que afectan a sus vidas, incluidas las relacionadas con los apoyos que reciben, independientemente de cuáles sean sus necesidades de apoyo. El mismo artículo 19 indica que los servicios de apoyo individualizados deben considerarse un derecho y ser suficientemente flexibles para adaptarse a los requisitos de los usuarios. Además, deben basarse en los requisitos individuales, y no en el interés del proveedor de servicios. El Comité sobre los Derechos de las Personas con Discapacidad, en las **Directrices sobre la desinstitucionalización incluso en situaciones de emergencia (22/10/2022)** (Naciones Unidas, 2022) indica que el apoyo basado en las propias decisiones, es decir, el apoyo individualizado y personalizado, es un elemento clave para gozar del derecho a la vida independiente.

Por lo tanto, para garantizar el derecho a la vida independiente es necesaria una planificación individualizada centrada en las necesidades y deseos de cada persona. También se debe realizar un seguimiento continuo y una evaluación del apoyo que se ofrece para aplicar las adaptaciones necesarias a medida que las necesidades y deseos de la persona cambian y evolucionan, y con ello se transforma su proyecto de vida (McConkey et al., 2016; Mansell y Beadle-Brown, 2011).

2. La guía GAS-VI. Objetivos y elaboración

2.1. Objetivo: ¿qué es la guía GAS-VI?

La guía GAS-VI ha sido diseñada con el objeto de evaluar los apoyos que se ofrecen a las personas con discapacidad intelectual para potenciar su vida independiente desde la perspectiva de los derechos que establece la CDPD y teniendo en cuenta las experiencias de las personas que ofrecen o reciben dichos apoyos. La aplicación de esta guía, de forma individual y personalizada, pretende facilitar el diseño y aplicación de propuestas de mejora para que el apoyo recibido esté alineado con las propuestas de la CDPD.

2.2. ¿En qué consiste la guía GAS-VI?

La guía consta de dos formularios, uno de ellos destinado a profesionales que ofrecen apoyo a personas con discapacidad intelectual y otro a las personas que reciben el apoyo.

La guía ha sido creada en dos formatos: en papel y en formato web (https://gasvi.udg.edu/).

2.3. ¿Por qué hemos elaborado la guía?

La guía GAS-VI pretende facilitar, tanto a profesionales de apoyo como a las personas receptoras de dicho apoyo, un instrumento que les ayude a analizar en qué medida los apoyos recibidos/ofrecidos se basan en los planteamientos de la CDPD. Por una parte, los profesionales pueden utilizar la guía para evaluar y repensar los apoyos que ya están ofreciendo, o para plantearse cómo llevarlos a cabo desde un inicio. Por otra parte, las personas con discapacidad intelectual que reciben apoyo pueden ofrecer su opinión y punto de vista sobre el apoyo que reciben. Con estas dos versiones, si se contrastan, se pueden emprender acciones para la mejora de los apoyos.

2.4. ¿Cómo se ha elaborado la guía?

La guía GAS-VI, elaborada por el Grupo de Investigación en Diversidad de la Universitat de Girona, se enmarca en el proyecto «Construcción y gestión de las redes sociales de apoyo de personas con discapacidad intelectual: diagnóstico, buenas prácticas y diseño inclusivo de proyectos de mejora» (Proyecto RED-IN), que está financiado por la Agencia Estatal de Investigación en la convocatoria 2017 sobre «Proyectos RETOS». De este proyecto surgió la necesidad de crear una herramienta para diseñar y evaluar los apoyos a la vida independiente de personas con discapacidad intelectual que tuviera en cuenta los planteamientos de la CDPD, y se realizó su diseño inicial. La convocatoria MPCUdG2016 para el bienio 2016-2018 permitió iniciar el desarrollo de la aplicación web de la guía GAS-VI. A través del proyecto «*Guía GAS-VI en acción. Valorización de un instrumento para el diseño y la evaluación de los apoyos para la vida independiente de las personas con discapacidad*», financiado por la Agencia Estatal de Investigación (ref. PDC2021-121510-I00) se llevó a cabo el proceso de validación de la guía GAS-VI.

Seguidamente, se detalla el proceso de elaboración de la guía (*Figura 1*).

Figura 1. Fases de desarrollo de la guía GAS-VI

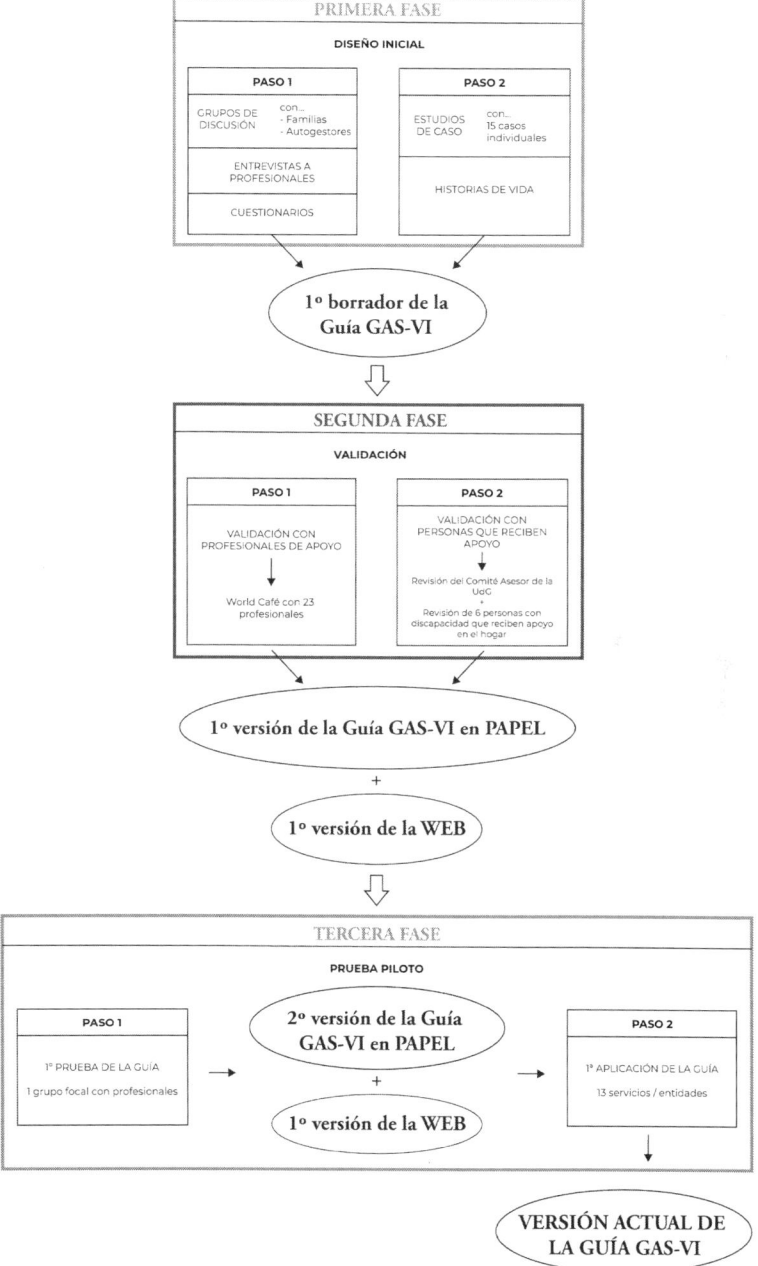

2.4.1. Primera fase de elaboración de la guía GAS-VI: diseño inicial

El diseño inicial de la guía GAS-VI se llevó a cabo fundamentalmente a partir de la revisión bibliográfica y de las aportaciones de la investigación sobre vida independiente llevada a cabo por el grupo de investigación (Pallisera et al., 2017; Pallisera et al., 2018a; Pallisera et al., 2018b; Puyaltó y Pallisera, 2018; Fullana et al., 2019; y Pallisera et al., 2021). Fruto de este trabajo, el grupo de investigación elaboró un **primer borrador de la versión de la guía GAS-VI** para profesionales.

2.4.2. Segunda fase de la elaboración de la guía GAS-VI: validación

Para asegurar que el contenido de la guía era pertinente, relevante y comprensible para las personas susceptibles de utilizarla, se llevó a cabo una **fase de validación del primer borrador de la guía**. En esta fase intervinieron, en dos procesos de trabajo secuenciales, personas con discapacidad intelectual que recibían apoyo y profesionales.

Validación con profesionales

La validación con los profesionales se realizó empleando el método denominado «World Café» (Brown e Isaacs, 2005; Tan y Brown, 2005; Schieffer et al., 2004). Se trata de un método para promover un diálogo significativo y cooperativo sobre un tema, favoreciendo que los participantes piensen de forma colectiva y creativa.

Se desarrolló a través de un seminario que tuvo lugar el 28 de junio de 2018, al que se invitó a profesionales de diez organizaciones proveedoras de servicios a personas adultas con discapacidad intelectual con experiencia en apoyo a la vida independiente. Participaron en el seminario veintitrés profesionales (diez con responsabilidades de dirección y coordinación y trece con responsabilidades en la atención directa) procedentes de diez de las organizaciones invitadas.

Cada participante recibió el material a revisar y las orientaciones para participar en las rondas de conversación. El proceso seguido fue el siguiente: se formaron cuatro grupos de discusión de cinco o seis profesionales, uno para cada una de las dimensiones propuestas en la guía (Individual, Interpersonal, Organizativa y Comunitaria), distribuidos en distintos espacios y se realizaron dos rondas. En la primera ronda, cada dinamizadora presentó la dimensión y recordó el objetivo de la tarea. Se propuso trabajar en grupos de dos o tres personas durante 15 minutos y durante los siguientes 35 minutos se pusieron en común las ideas y se llevó a cabo el diálogo; las dinamizadoras anotaron en una hoja grande las ideas, comentarios, reflexiones y dudas. Posteriormente, se realizó una segunda ronda de discusión con nuevos grupos, de modo que cada profesional pudo participar en la discusión de dos dimensiones. Partiendo del trabajo realizado en la primera ronda, el grupo generó un nuevo diálogo y propuso nuevas ideas y sugerencias, que fueron recogidas por la dinamizadora. Finalmente, se realizó una puesta en común con todos los profesionales.

Con este procedimiento, cada dimensión fue analizada por unos diez o doce profesionales y, a través de la puesta en común, todos tuvieron la oportunidad de realizar contribuciones a todas las dimensiones.

Validación con personas con discapacidad intelectual

Revisadas las propuestas fruto de la sesión de trabajo con profesionales en el World Café, y elaborada la versión para profesionales, esta fue la base para confeccionar una primera versión de la guía destinada a las personas que reciben el apoyo. Esta versión se validó con personas con discapacidad intelectual a través de dos acciones: 1) revisión del Consejo Asesor del Grupo de Investigación en Diversidad de la Universitat de Girona, y 2) revisión con un grupo de seis personas que recibían apoyo en el propio hogar.

1) Revisión de la guía por parte del Consejo Asesor. El Consejo Asesor es un grupo formado por personas con discapacidad intelectual que, desde el año 2012, desarrollan sus propias investigaciones con el apoyo del grupo de investigación que ha elaborado la guía,

y colaboran también como asesoras de diferentes investigaciones del grupo. Se realizó concretamente una sesión de trabajo el 27 de septiembre de 2018 en la que participaron nueve miembros del Comité Asesor (cinco mujeres y cuatro varones) de entre 23 y 58 años, de las cuales dos vivían en un piso tutelado, una en un hogar-residencia y las otras seis en el hogar familiar. Se presentó la guía GAS-VI y se realizó un grupo de discusión a partir de las siguientes preguntas:

- ¿Qué pensáis que es importante tener en cuenta dentro de cada dimensión en lo relativo al apoyo?
- ¿En qué aspectos es más importante recibir apoyo?
- ¿Cómo os gustaría recibir este apoyo?

El debate se desarrolló durante 75 minutos y a continuación se elaboró una versión de la guía destinada a las personas que reciben apoyo, en la que se introdujeron ocho ítems nuevos y se simplificó la escala de valoración, que inicialmente constaba de cinco niveles, a una escala de tres niveles formada por emoticonos.

2) Una vez construida la versión destinada a personas que reciben apoyo, se aplicó con seis personas con discapacidad (tres mujeres y tres varones) de entre 27 y 54 años, que vivían en una vivienda compartida con compañeros, con su pareja o solos, y que llevaban recibiendo apoyo entre 1 y 11 años. Una vez aplicada, se llevó a cabo un grupo de discusión con estas personas para recoger su opinión sobre la guía. A partir de este proceso se reformularon diez ítems, simplificando su redacción.

Fruto del proceso de validación llevado a cabo en esta fase, se elaboró la primera versión de la guía GAS-VI en formato papel y se creó la primera versión de la aplicación web de la guía GAS-VI.

2.4.3. Tercera fase de elaboración de la guía GAS-VI: prueba piloto

La aplicación web de la guía GAS-VI fue sometida a una prueba piloto que formó parte de un estudio para realizar una prueba de concepto (ref. PDC2021-121510-I00). Esta fase se desarrolló en dos etapas:

la primera etapa incluyó un grupo focal con profesionales que habían aplicado la guía en sus servicios para valorar cómo había funcionado dicha aplicación, y llevar a cabo una revisión de la aplicación web. Fruto de esta revisión, se mejoraron los formularios, se creó la opción de la web en castellano e inglés, se incorporó la opción de registro de usuarios para recoger los datos y realizar posteriores análisis, y se creó la versión accesible de la web.

En la segunda etapa, una vez obtenidas las versiones finales de la guía, se realizaron acuerdos con trece organizaciones para llevar a cabo la aplicación de la guía. Durante el período comprendido entre diciembre de 2022 y enero de 2024, se aplicaron los formularios a 132 personas que recibían apoyo y se respondieron 123 formularios por parte de profesionales. Del grupo de las personas receptoras de apoyo, 45 participaron en una segunda aplicación de la guía al cabo de un mínimo de cuatro meses para recoger sus percepciones y las de sus profesionales de apoyo acerca de los cambios producidos en el apoyo ofrecido a partir de los resultados de la primera aplicación. Durante el proceso de aplicación, desde el grupo de investigación se monitorizó dicha aplicación para recoger datos acerca del procedimiento y las sugerencias y observaciones que planteaban las personas responsables de la aplicación. A partir de este *feedback* se llevaron a cabo cambios en los formularios y en la propia web. Con esta revisión, se creó la versión actual de la guía GAS-VI.

El manual

1. La guía GAS-VI: áreas, dimensiones e indicadores

La guía se basa en el modelo de inclusión social de Simplican et al. (2015), quienes utilizan un enfoque ecológico distribuyendo las variables más relevantes en cinco niveles (individual, interpersonal, organizacional, comunitario y sociopersonal). La guía GAS-VI comparte la finalidad y planteamiento ecológico del modelo, y contempla finalmente cuatro de los niveles del modelo ecológico, a los que denomina dimensiones. Las **dimensiones de la guía GAS-VI** son: **individual, interpersonal, organizacional y comunitaria.**

1.1. Dimensión individual

Los servicios centrados en la persona no solo deben tener en cuenta las necesidades personales, sino que los apoyos estén bajo el control de la persona que los recibe (Dew et al. 2019). Ello quiere decir que la persona debe tomar decisiones sobre los ámbitos en los que desea recibir apoyos y sobre el tipo de apoyos a recibir.

La dimensión individual incluye diversas áreas relacionadas con la propia persona que recibe el apoyo; en primer lugar, la **edad**, ofreciendo apoyo para que las actividades o rutinas que realizan se adapten a la etapa cronológica de la persona.

En segundo lugar, al **hogar**, ya que este es un espacio fundamental para disfrutar de su bienestar personal. Las personas con discapacidad intelectual prefieren vivir en su propio hogar, con el apoyo necesario (García Iriarte et al., 2014; McConkey et al., 2016; Cahill y Guerin, 2023), y valoran especialmente tener ayuda para organizar tareas domésticas (compras, cocinar, etc.), gestionar la economía personal (Pallisera et al., 2018), escoger a la persona de apoyo y tomar decisiones sobre cómo y cuándo se ofrece dicho apoyo (Bigby et al., 2017).

En tercer lugar, la **salud** también es un elemento importante dentro de esta dimensión. En este sentido, las personas con discapacidad intelectual manifiestan sentirse poco escuchadas por el personal sanitario, en general, y perciben que este, frecuentemente, se dirige a sus acompañantes para discutir sobre su salud o posibles tratamientos (Inclusive Research Network, 2019; Wullink et al., 2009). Para ellas, es importante recibir las explicaciones necesarias sobre su salud y ser incluidas y escuchadas por el personal sanitario (Chapman et al., 2018).

El **bienestar emocional** también es clave dentro de esta dimensión, ya que se vincula con la vivencia de experiencias positivas, la falta de estrés y la satisfacción general con la vida (Schalock y Verdugo, 2007). En este sentido, las personas con discapacidad intelectual valoran enormemente el apoyo emocional que reciben por parte de los profesionales (Pallisera et al., 2018).

Otra de las áreas que engloba la dimensión individual son los **proyectos personales**. El apoyo en esta área se relaciona con el objetivo de avanzar en el logo de dichos proyectos.

Y, por último, se ha incluido la **soledad** porque, en comparación con la población general, los jóvenes y adultos con discapacidad intelectual experimentan la soledad con mayor frecuencia (Robinson e Idle, 2023), incluso en contextos inclusivos (Pallisera et al., 2016). La falta de apoyo para establecer relaciones de amistad y las escasas oportunidades para participar en actividades sociales en la comunidad inciden en el sentimiento de soledad (Gilmore y Cuskelly, 2014). Así, se valoran positivamente los apoyos que les ayuden a establecer relaciones sociales y participar de forma segura e informada en la comunidad (Mooney et al., 2019).

1.2. Dimensión interpersonal

Las relaciones interpersonales tienen un impacto significativo tanto en el bienestar personal como en los procesos de inclusión social de las personas con discapacidad (Simplican et al., 2015). En las diferentes relaciones que se establecen, sea con profesionales, familiares, compañeros, amigos, pareja, vecinos, etc., el hecho de **ser y sentirse respetado** es un tema crucial que condiciona la calidad de las interacciones y la satisfacción personal con la red social (Callus y Farrugia 2016).

Los **profesionales** tienen un papel sin duda relevante en la vida de las personas con discapacidad por el hecho de proporcionar apoyo formal, pero también porque en muchos casos son los profesionales con quienes las personas establecen más relaciones. Las personas con discapacidad valoran en gran medida ser escuchadas, recibir el apoyo que solicitan y tener una buena relación con los profesionales. Así mismo, la **familia** constituye una fuente de apoyo natural, por lo que es importante analizar las fortalezas del contexto familiar (Arellano y Peralta, 2015) y dar valor a su papel en los procesos que buscan mejorar las relaciones interpersonales de las personas con discapacidad intelectual (García y Lago-Urbano, 2020).

Las **relaciones con compañeros y amigos** son las más deseadas y, a la vez, las más complejas. Las personas con discapacidad manifiestan su voluntad de tener una vida social y compartir su tiempo libre con amistades libremente escogidas (Chambers y Coffey, 2018). Sin embargo, la mayoría de ellas experimentan dificultades para establecer nuevas relaciones sociales y amistades y, por consiguiente, para construir sus redes sociales (Fullana et al. 2021). Ello ocurre porque, en general, tienden a participar sobre todo en actividades organizadas por la propia familia o por los servicios que les ofrecen apoyo (Dyke et al., 2013).

Las **relaciones de pareja** pueden ser también una fuente de apoyo. Resulta difícil para las personas con discapacidad intelectual desarrollar su vida afectiva y sexual porque, tradicionalmente, se les han impuesto obstáculos y limitaciones para avanzar en sus proyectos en este sentido (Frawley y O'Shea, 2019).

El **vecindario y la comunidad** constituyen oportunidades alternativas de participación ciudadana que son potencialmente enriquecedoras desde la perspectiva de la pertenencia (Kaley et al., 2022); es decir, son contextos en el que las relaciones juegan un importante papel en la vida de las personas, por lo que cabe dedicar esfuerzos para construir, en cada caso, formas aceptables de relaciones y de apoyo mutuo.

Las **redes sociales digitales** son una vía de comunicación absolutamente integrada en la actividad diaria de la mayoría de las personas, pero actualmente aún existe una «fractura digital» vinculada a la desigualdad en el acceso al mundo digital entre las personas con y sin discapacidad, siendo las primeras quienes experimentan mayores dificultades para beneficiarse de las ventajas de las redes sociales e internet (Chadwick et al., 2016). Será esencial el apoyo individualizado para mejorar las habilidades para el uso de esta tecnología.

1.3. Dimensión organizativa

La dimensión organizativa se refiere específicamente a la organización o servicio que ofrece apoyo a la persona e incluye los planteamientos institucionales, la distribución de dicho apoyo y su evaluación por parte de la organización. De acuerdo con las evidencias científicas y la propia Convención de los Derechos de las Personas con Discapacidad, se debe tender a ofrecer apoyos basados en la comunidad, en escenarios próximos, y en coordinación con activos comunitarios (McCarron et al., 2019). Con ello, se busca una distribución de apoyos abogando por unos servicios más personalizados que potencien la inclusión social y la participación comunitaria.

Dentro de la dimensión organizativa cobran relevancia los planteamientos institucionales que, a través de explicitar los valores de la organización, muestran el posicionamiento de la organización en la distribución de servicios. Además, es importante que la distribución de apoyos se dirija a las necesidades y demandas individuales y se centre en el logro de objetivos personales, teniendo en cuenta el protagonismo de la persona en la toma de decisiones sobre los apoyos (Esteban et al., 2021).

1.4. Dimensión comunitaria

La comunidad es una dimensión fundamental para la inclusión social en el contexto de transformación de los apoyos, desde perspectivas institucionales a planteamientos basados en la personalización. Favorecer la inclusión conlleva acciones dirigidas tanto a las personas como al contexto, creando espacios accesibles, potenciando la accesibilidad de la información y del conocimiento de acuerdo con una lógica de ciudadanía universalista, en la que los derechos se defienden y practican de forma colectiva (Hall, 2017).

La investigación indica que, a pesar de los avances en la incorporación de los planteamientos personalizados en los apoyos y el aumento de la presencia de personas con discapacidad en el entorno comunitario, se ha progresado poco en el incremento significativo de su presencia y en la comunidad (Bigby et al., 2018). Las personas con discapacidad intelectual, por tanto, siguen siendo víctimas de la estigmatización, la discriminación y la falta de acceso a los servicios básicos, aspecto que determina su participación en actividades sociales que les den la oportunidad de establecer redes y relaciones interpersonales significativas (Aparicio et al., 2021; Gauthier-Boudreault et al., 2019; Merrells et al., 2018; Unicef, 2013).

Por ello, tiene sentido planificar, desarrollar y evaluar acciones específicas para potenciar los vínculos socio-personales con la comunidad de las personas con discapacidad intelectual (Merrells et al., 2019). Estas acciones deben incluir tanto estrategias dirigidas a la comunidad (Milot et al., 2021) como a la propia persona con discapacidad.

El apoyo de los profesionales puede jugar un papel estructural fundamental en la construcción de los espacios comunitarios y seguros de convivencia donde se desarrollan las personas con discapacidad intelectual (Power y Bartlett, 2018).

De este modo, por ejemplo, la **vecindad** es un entorno complejo con un gran potencial de apoyo, así como también lo son las actividades de ocio y culturales, en las que las personas con discapacidad todavía tienen menos oportunidades de participación. Así mismo, las actividades de **voluntariado**, las cuales contribuyen al aumento de la autoestima, a la formación y a la mejora de las posibilidades de inclusión o promoción laboral, constituyen una alternativa posible para que las personas con discapacidad intelectual desarrollen actividades significativas en un contexto en el que la inclusión laboral es compleja para todos (Hall, 2017).

Por otro lado, las dificultades que las personas con discapacidad sufren para utilizar los **medios de transporte** condicionan el acceso a servicios culturales, de ocio u otros espacios comunitarios (Stjernborg, 2019), con lo que es un ámbito para tener en cuenta en la organización de los apoyos.

Por último, tenemos las **tecnologías de la información y la comunicación** que son cada vez más necesarias en la vida, por lo que se debe explorar en qué medida puede ser necesario facilitar apoyo para el acceso a las tecnologías y valorar cómo afrontar los riesgos derivados de su uso (Seale, 2014).

1.5. Áreas e indicadores

Cada una de estas dimensiones (individual, interpersonal, organizativa y comunitaria) engloba distintas áreas de actuación y varios indicadores. Cada área especifica distintos aspectos de la dimensión a la que hay que poner atención al organizar los apoyos. Cada área se concreta en varios indicadores. Cada indicador describe una situación óptima de apoyo. La *Tabla 1* presenta la relación entre dimensiones, áreas e indicadores. Esta estructura se plasma en los formularios de la guía. El formulario para los profesionales contiene 144 ítems organizados en torno a 22 áreas y 37 indicadores. El formulario para las personas que reciben apoyo contiene 113 ítems referidos, 21 áreas y 34 indicadores.

Tabla 1. Dimensiones, áreas e indicadores de la guía GAS-VI

Dimensiones	Áreas		Indicadores	
			Cuestionario para profesionales	Formulario para la persona que recibe apoyo
Individual	1. Edad		1.1. Se ofrece apoyo para que la persona efectúe actividades deseadas que se ajusten a su edad.	1.1. Me dan apoyo para que pueda hacer actividades apropiadas a mi edad.
	2. Hogar	Sentido de pertenencia	2.1. La persona siente que el lugar en el que vive es su hogar.	2.1. Siento que el lugar en el que vivo es mi hogar.
		Organización/ Planificación	2.2. La persona decide cómo se organizan las tareas del hogar (limpiar, comprar y cocinar), cuándo y cómo hacerlas y el apoyo que necesita.	2.2. Soy yo quien decide cómo organizar las tareas del hogar (limpiar, comprar y cocinar), cuándo y cómo hacerlas y el apoyo que necesito.
			2.3. La persona toma decisiones sobre el control de la economía doméstica.	2.3. Puedo decidir cómo administrar mi dinero.
	3. Salud		3.1. La persona toma decisiones sobre su salud (dieta, ejercicio físico, salud sexual y psicológica).	3.1. Yo decido sobre las cosas que hacen referencia a mi salud (dieta, ejercicio físico, salud sexual y atención médica).
	4. Bienestar emocional		4.1. Se favorece que la persona pueda manifestar sus necesidades de apoyo a nivel emocional.	4.1. Puedo pedir ayuda cuando siento que necesito apoyo emocional.
			4.2. Se da apoyo emocional a la persona cuando esta lo necesita.	4.2. Pienso que, cuando lo necesito, recibo el apoyo emocional adecuado.
	5. Proyectos personales		5.1. Se proporciona apoyo para que la persona se plantee objetivos.	5.1. Me ayuda a plantear objetivos personales y estrategias para conseguirlos.
	6. Soledad		6.1. Se ofrece apoyo para que la persona no se sienta sola.	6.1. No me siento solo/a.

Dimensiones	Áreas	Indicadores	
		Cuestionario para profesionales	Formulario para la persona que recibe apoyo
Interpersonal	7. Respeto	7.1. El apoyo vela y contribuye para que la persona sea respetada en todos los ámbitos de sus relaciones interpersonales.	7.1. Me siento respetado por parte de todas las personas con las que me relaciono.
	8. Relaciones con profesionales	8.1. Se proporciona apoyo para favorecer que las relaciones con profesionales estén basadas en el respeto mutuo, escuchando a la persona y respetando sus decisiones.	8.1. Los profesionales con los que me relaciono me escuchan y respetan mis decisiones.
	9. Relaciones con la familia	9.1. Se proporciona apoyo para favorecer que las relaciones con la familia estén basadas en el respeto mutuo, escuchando a la persona y respetando sus decisiones.	9.1. Me ayuda que mi familia me escuche y me respete, a mí y a mis decisiones.
	10. Relaciones con compañeros/amigos	10.1. El apoyo vela y contribuye a que la persona sea respetada por sus amigos.	10.1. Me siento respetado por mis amistades, y el apoyo me ayuda cuando es necesario.
		10.2. La persona toma decisiones sobre sus relaciones de amistad: con quién quiere establecerlas y cómo quiere desarrollarlas.	10.2. Yo decido con quién me quiero relacionar, de quién quiero ser amigo y cómo quiero que sean mis relaciones de amistad.
		10.3. Se proporciona apoyo para que la persona pueda mantener las amistades que desea.	10.3. El apoyo me ayuda para que pueda mantener mis amistades.
		10.4. Se proporciona apoyo a la persona para que pueda resolver conflictos con sus amistades.	10.4. El apoyo me ayuda si tengo problemas con mis amigos y compañeros.
		10.5. Se proporciona apoyo para que la persona pueda conocer gente nueva.	10.5. El apoyo me ayuda para que pueda conocer gente nueva.

Dimensiones	Áreas	Indicadores	
		Cuestionario para profesionales	Formulario para la persona que recibe apoyo
Interpersonal	11. Relaciones y vida en pareja	11.1. El apoyo vela y contribuye a que la persona sea respetada por su pareja.	11.1. El apoyo me ayuda a que mi pareja me respete.
		11.2. La persona toma decisiones sobre sus relaciones de pareja.	11.2. Tomo mis decisiones sobre el tema de las relaciones en pareja.
		11.3. Se proporciona apoyo para favorecer que las relaciones con el vecindario estén basadas en el respeto mutuo, escuchando a la persona y respetando sus decisiones.	11.3. Recibo el apoyo y ayuda que necesito cuando surge un problema con mi pareja.
	12. Relaciones con el vecindario (vecinos de la comunidad y de la calle y el barrio)	12.1. Se proporciona apoyo para favorecer que las relaciones con el vecindario estén basadas en el respeto mutuo, escuchando a la persona y respetando sus decisiones.	12.1. El apoyo me ayuda a que mis relaciones con los vecinos estén basadas en el respeto.
	13. Redes sociales en línea	13.1. El apoyo favorece que la persona conozca las posibilidades de las redes sociales en línea para favorecer sus relaciones interpersonales.	13.1. El apoyo me ayuda a conocer y a utilizar las redes sociales para facilitar la relación con otras personas.
Organitzativa	14. Planteamientos institucionales	14.1. El servicio de apoyo organiza los apoyos de acuerdo con los planteamientos centrados en la persona.	
		14.2. El servicio de apoyo contempla la inclusión social como uno de sus objetivos.	
		14.3. La organización ofrece formación a los profesionales para que puedan desarrollar el apoyo desde una perspectiva centrada en la persona.	

Dimensiones	Áreas	Indicadores	
		Cuestionario para profesionales	Formulario para la persona que recibe apoyo
Organitzativa	15. Distribución del apoyo	15.1. La persona que recibe el apoyo está de acuerdo en recibir el apoyo.	15.1. Estoy de acuerdo con recibir el servicio de apoyo en el hogar.
		15.2. La persona que recibe el apoyo puede tomar decisiones sobre este apoyo.	15.2. Puedo tomar decisiones sobre qué apoyo quiero recibir y cuándo.
	16. Evaluación del apoyo	16.1. El servicio de apoyo es evaluado.	16.1. El servicio de apoyo es evaluado.
		16.2. El servicio hace partícipes a las personas que reciben apoyo en los procesos de evaluación de los programas de apoyo.	16.2. La organización hace partícipes a las personas que reciben apoyo en los procesos de evaluación de los programas de apoyo.
Comunitaria	17. Barrio/Área donde vive	17.1. Se favorece que la persona viva en el lugar que ella desea.	17.1. Se me da apoyo para que pueda vivir en el lugar en el que quiero vivir.
	18. Ocio/Cultura	18.1. Se ofrece apoyo a la persona para desarrollar actividades de ocio o culturales que desea.	18.1. Recibo apoyo para poder hacer las actividades culturales y de ocio que me gustan.
	19. Participación ciudadana	19.1. Se ofrece apoyo a la persona para desenvolver las actividades de voluntariado que desee.	19.1. Recibo apoyo para efectuar las actividades de voluntariado que quiero hacer.
		19.2. Se ofrece apoyo a la persona para formar parte de organizaciones o asociaciones cívicas que sean de su interés.	19.2. Recibo apoyo para formar parte de asociaciones u organizaciones que me interesan.
		19.3. Se ofrece apoyo a la persona para que ejerza su derecho al voto.	19.3. Recibo apoyo para ejercer mi derecho al voto.
		19.4. Se ofrece apoyo a la persona para formar parte de grupos colectivos que velen o trabajen por la defensa de los derechos.	19.4. Me ayudan para que pueda formar parte de grupos que trabajan en la defensa de los derechos.

Dimensiones	Áreas	Indicadores	
		Cuestionario para profesionales	Formulario para la persona que recibe apoyo
Comunitaria	20. Transporte	20.1. Se ofrece apoyo a la persona para que pueda desplazarse de acuerdo con sus necesidades y demandas.	20.1. Recibo apoyo en lo relacionado con el tema del transporte, teniendo en cuenta lo que se necesita.
	21. Tecnologías de la información y la comunicación	21.1. Se ofrece apoyo a la persona para que conozca las posibilidades y uso de las TIC (teléfono personal, ordenador personal, tableta, aplicaciones relacionadas con las necesidades personales, etc.).	21.1. Me ayudan a conocer cómo utilizar el teléfono móvil, la tableta, el ordenador, etc.

2. Componentes de la guía GAS-VI

La guía GAS-VI constituye una herramienta para analizar, evaluar y mejorar los apoyos que reciben las personas con discapacidad intelectual. Con este fin se compone de diferentes elementos que permiten que tanto el profesional como la persona que recibe el apoyo puedan valorar el apoyo, y obtener de este análisis unos resultados y unas propuestas que ayuden a mejorar el apoyo que ofrecen o reciben. Los elementos que integran la guía son los siguientes:

1) Un **formulario para los profesionales de apoyo.** Consta de 144 ítems, de los cuales dieciséis corresponden a preguntas abiertas. Cada ítem se valora en una escala del uno (completamente en desacuerdo) al cinco (completamente de acuerdo).

2) Un **formulario para la persona que recibe el apoyo.** Consta de 113 ítems que se valoran del uno (en desacuerdo) al tres (de acuerdo). La persona puede necesitar apoyo para responder.

3) Un **documento de resultados** del formulario del **profesional**, que resume los resultados obtenidos en cada uno de los indicadores y áreas. Además, aparecen propuestas de mejora para los indicadores que han recibido una peor valoración.

4) Un **documento de resultados** de la aplicación del formulario a la **persona que recibe apoyo**, que resume las valoraciones individuales obtenidas para cada uno de los indicadores y áreas. Además, en el

mismo documento aparecen sugerencias de mejora para aquellos indicadores que han recibido una peor valoración.

5) Un **documento de propuestas de mejora** que contiene orientaciones sobre los aspectos que se pueden mejorar para cada una de las 22 áreas. Este documento se puede descargar completo en formato PDF una vez el profesional obtiene el documento de resultados.

3. Sistema de puntuación

A partir de todas las puntuaciones recogidas se calcula una media de las puntuaciones de cada indicador. Si una pregunta no se responde, se contará como cero.

a) **Valoración por parte de los profesionales de apoyo**

Los profesionales responden los ítems de la guía GAS-VI en una escala del uno al cinco. Para facilitar la comparación con las respuestas de las personas que reciben el apoyo, la media resultante para cada indicador se clasifica en tres niveles:

- Un nivel 1 correspondiente a las medias entre [**0 - 2,3**). Cuando la media de la puntuación de los ítems de un indicador se halla entre estos valores, aparece destacado en **rojo** en el documento de resultados. Ello indica que el contenido al que hace referencia el indicador no es tratado por parte del apoyo o se trata poco, según lo percibe el profesional de apoyo.

- Un nivel 2 correspondiente a las medias [**2,4 - 3,6**]. Cuando la media de la puntuación de los ítems de un indicador se halla entre estos valores, aparece destacado en **amarillo** en el documento de resultados. Ello indica que se está trabajando en la línea que propone el indicador, pero que hay aspectos que se pueden mejorar.

- Un nivel 3 correspondiente a las medias [**3,7 - 5**]. Cuando la media de la puntuación de los ítems de un indicador se halla entre estos valores, aparece destacado en **verde** en el documento de resultados. Ello significa que el indicador está bastante o muy bien logrado; que está bien valorado por parte de la persona de apoyo.

A partir de esta puntuación se podrá valorar si el apoyo que se proporciona a la persona **por parte del profesional de apoyo** se orienta correctamente o si es necesario revisar alguna de las áreas de apoyo y pensar en posibles cambios que ayuden a mejorar el servicio que se proporciona.

b) **Valoración por parte de la persona que recibe el apoyo**

Se establecen tres niveles de respuesta, en función de la media resultante:

- Un nivel 1 correspondiente a las medias entre [**0 - 1,6**). Cuando la media de la puntuación de los ítems de un indicador se halla entre estos valores, aparece destacado en **rojo** en el documento de resultados. Ello indica que, según la percepción de la persona que recibe el apoyo, el contenido al que hace referencia el indicador no es tratado por parte del profesional de apoyo o se trata poco.
- Un nivel 2 correspondiente a las medias [**1,7 - 2,4**]. Cuando la media de la puntuación de los ítems de un indicador se halla entre estos valores, aparece destacado en **amarillo** en el documento de resultados. Significa que la persona que recibe el apoyo percibe que se está trabajando en la línea que propone el indicador, pero que hay aspectos que se pueden mejorar.
- Un nivel 3 correspondiente a las medias [**2,5 - 3**]. Cuando la media de la puntuación de los ítems de un indicador se halla entre estos valores, aparece destacado en **verde** en el documento de resultados. Ello significa que el indicador está bien valorado por parte de la persona que recibe el apoyo.

Las puntuaciones numéricas no aparecen en el documento de resultados que se genera a partir de la respuesta a los formularios. Sin embargo, tal como se ha indicado, sí aparece un código de color (rojo, amarillo o verde) para cada uno de los indicadores.

4. Funcionamiento de la guía GAS-VI

A continuación, se detalla el funcionamiento de la aplicación web de la guía GAS-VI, que puede ser aplicada con registro previo (opción recomendada) o sin realizar un registro, así como algunas orientaciones básicas sobre la misma.

En el QR adjunto se puede visualizar el tutorial de funcionamiento de la web, en el que se explica de forma breve y visual como hacer uso de la Guía GAS-VI.

4.1. Orientación general para su administración

La guía GAS-VI se emplea tomando siempre como referencia a una persona que recibe apoyo. Es decir, la guía implica revisar cuál es el apoyo que se está ofreciendo a una persona en particular. Ello significa que:

- El profesional de apoyo deberá rellenar un formulario para cada una de las personas sobre las que se desee valorar los apoyos que recibe.
- Cada persona que recibe apoyo y que participe en la valoración deberá responder un formulario para las personas que reciben apoyo.

Por ejemplo, supongamos que una organización decide que quiere valorar el apoyo que se ofrece a diez personas y que estas diez personas reciben apoyo por parte de cuatro profesionales. La organización deberá asegurarse de que:

- Cada una de las diez personas responde un formulario dirigido a la persona que recibe apoyo. Por lo tanto, se obtendrán diez formularios y diez hojas de resultados.
- Los cuatro profesionales que están ofreciendo apoyo a estas diez personas responden a un formulario del profesional para cada una de las personas a las que apoyan. Por lo tanto, se obtendrán diez formularios y diez hojas de resultados.

4.2. Administrar los formularios a las personas con discapacidad intelectual

El proceso de validación de la guía ha mostrado que las personas con discapacidad necesitan apoyo para responder y valorar los ítems del cuestionario. Por lo tanto, es recomendable que se asigne a una persona que realice esta función.

- En la medida de lo posible, sería conveniente que esta persona no sea el profesional de apoyo habitual de la persona, puesto que lo que está valorando la persona es, principalmente, el apoyo que recibe de esta. Sin embargo, es necesario que la persona que ofrezca apoyo conozca suficientemente a la persona con discapacidad, por lo que puede ser que la persona de apoyo sea, finalmente, la persona que le preste apoyo para responder el cuestionario.
- Antes de empezar la aplicación es recomendable descargar los formularios en PDF, imprimirlos, rellenarlos sobre el papel, y

posteriormente introducir los resultados en la aplicación web. Esto facilita adaptarse con mayor facilidad a las incidencias que pueden producirse durante la aplicación. Por ejemplo, si la persona se cansa de responder a las preguntas, y se decide continuar en otro momento.

4.3. Responder a los ítems de los formularios

Los ítems se responden en una escala de valoración del uno al cinco para los profesionales (siendo cinco la valoración máxima) y del uno al tres para las personas que reciben apoyo (siendo tres la valoración máxima).

Puede ocurrir que alguno de los ítems se refiera a una situación en la que la persona no se vea reflejada o no sienta que se corresponda a su situación. Por ejemplo, en el caso de ítems que se refieren a la vida en pareja. En este caso se puede decidir no responder al ítem, o bien valorarlo con una puntuación de uno. Ello deberá tenerse en cuenta en la interpretación de los resultados.

4.4. La obtención de los resultados

Cada vez que se introducen los datos de un formulario en la web, correspondiente a un caso, aparece una hoja de resultados. En esta hoja aparece, en un código de tres colores, la valoración de los indicadores. Cuando en un indicador aparece un código rojo o amarillo, el documento se complementa con propuestas y sugerencias para la mejora del apoyo que se ofrece a la persona para dicho indicador. Se trata de sugerencias generales y orientativas, puesto que es el equipo de profesionales de apoyo quien debe analizar e interpretar los resultados a partir del conocimiento que tienen de la persona.

Cuando una organización ha decidido utilizar los dos formularios, el dirigido al profesional y el dirigido a la persona que recibe apoyo, tendrá la posibilidad de contrastar los resultados y, a partir de ahí, efectuar un análisis y reflexión sobre el apoyo que está ofreciendo a dicha persona, plantear nuevos objetivos de apoyo, etc.

4.5. El papel de la persona que recibe apoyo

La guía GAS-VI está pensada para que la persona con discapacidad intelectual participe en la valoración del apoyo que recibe, dando su opinión a partir de valorar situaciones concretas de su vida diaria.

La guía, a través de sus resultados, pretende fomentar que la persona participe también en la planificación de los apoyos. Es decir, una vez obtenidos los resultados e identificados los indicadores de apoyo que necesitan una revisión, el profesional de apoyo debería promover que la persona que lo recibe participe en la toma de decisiones sobre el apoyo que recibe.

4.6. La utilización de la aplicación web

Existen dos formas de utilizar la aplicación web de la guía GAS-VI: 1) sin registro de usuario, 2) con registro de usuario. A continuación, se explica el funcionamiento para cada opción.

4.6.1. Sin registro de usuario

La aplicación web de la guía GAS-VI es abierta y la puede utilizar cualquier persona que tenga interés en utilizarla. Los pasos para seguir son los siguientes:

1) Acceder a la página principal de la web https://gasvi.udg.edu/es
2) Escoger el idioma (catalán, español o inglés).

3) En esta página se tiene acceso a los formularios para el profesional y para la persona que recibe el apoyo, en versión web y en versión PDF.

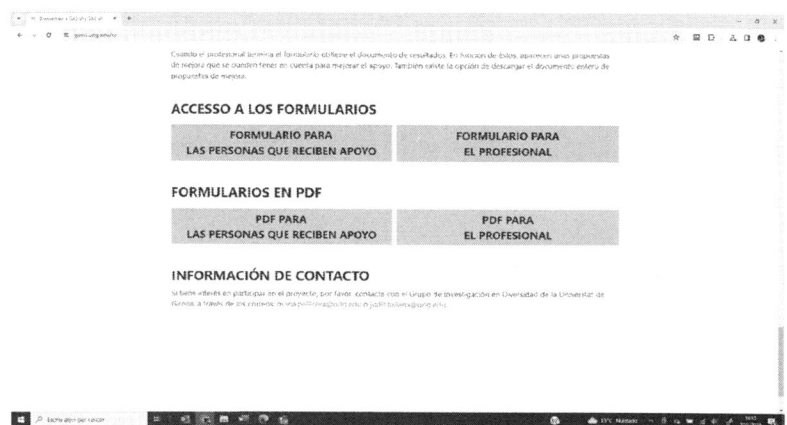

4) Responder los formularios. Existen dos posibilidades para responder a los formularios:

a) Directamente a través de la versión web.

b) Descargando el formulario en PDF y, una vez contestado, entrar los datos en la versión web.

- **Recomendación:** Esta opción es altamente recomendable para las personas que reciben apoyo. La descarga del formulario permite su administración en distintos momentos, en función de las necesidades de la persona. Una vez se han obtenido todas las respuestas se pueden introducir en la versión web.

- **Advertencia:** La web no guarda ninguna respuesta. Si se introducen una parte de las respuestas y se abandona la web, no se pueden recuperar estos resultados.

c) Se puede responder solamente uno de los dos formularios, en función de cuál sea el objetivo de la valoración.

5) La obtención del documento de resultados.

a) Una vez introducidas las respuestas a los ítems en la aplicación web, aparece automáticamente un documento de resultados que contiene:

- La valoración de cada indicador, expresado en un código de color: rojo para una valoración baja, amarillo para una valoración media, verde para una valoración positiva.
- Propuestas y sugerencias de mejora para los indicadores que aparezcan señalados en rojo o en amarillo.

b) Este documento se puede descargar en formato PDF.

Advertencia: Cuando se utiliza la aplicación web sin registro de usuario, es importante descargar inmediatamente este documento, puesto que una vez cerrada la aplicación, no se puede volver a descargar. El único modo sería volver a introducir los mismos datos.

6) En el caso de los profesionales, una vez han respondido su formulario y aparece el documento de resultados, tienen también acceso a un documento complementario de propuestas de mejora del apoyo, organizado según las áreas e indicadores.

4.6.2. Con registro de usuario

Registrarse en la aplicación web de la guía GAS-VI como usuario es necesario cuando la organización desea que los datos queden registrados con la finalidad de realizar posteriores análisis sobre el apoyo que ofrecen.

En este caso, los datos introducidos en los formularios quedan registrados y se pueden descargar en formato Excel; de este modo, **la opción más recomendada es la de registrarse,** puesto que los datos quedan grabados y se facilita el análisis y las comparaciones de los datos.

Advertencia

Para que los datos queden registrados es necesario que cada vez que se utilice la guía, se sigan los siguientes pasos:

- Vaya a la página web de la guía GAS-VI (https://gasvi.udg.edu/es).
- Acceda al espacio de usuario (parte superior derecha de la pantalla).
- Introduzca el nombre de usuario y la contraseña.
- Acceda a los formularios que desee responder.

En funcionamiento de la guía GAS-VI con registro de usuario, se puede consultar en el siguiente QR.

5. Usos de la guía GAS-VI

5.1. Posibles aplicaciones de la guía

Avanzar en el derecho a la vida independiente, entendida como el desarrollo de proyectos personales escogidos, implica profundizar en los apoyos ofrecidos para que estos respondan realmente a las demandas y deseos de cada persona, contribuyendo a su bienestar personal. La guía GAS-VI pretende ser una aportación para ayudar a evaluar los apoyos a la vida independiente de personas con discapacidad intelectual, a partir de las opiniones de la persona que recibe el apoyo (que puede recibir apoyo de una tercera persona para valorar los ítems de la guía) y del profesional que lo proporciona. La guía permite realizar una valoración cualitativa de los apoyos y su aplicación puede responder a diversos objetivos:

- Mejorar la planificación y provisión de los apoyos destinados a una determinada persona.
- Reflexionar, desde una perspectiva institucional (una organización) sobre el ajuste de los apoyos ofrecidos con los planteamientos de la CDPD y las aportaciones de la investigación sobre la vida independiente.
- Tomar decisiones sobre la mejora de la provisión de apoyos para potenciar proyectos de vida deseados en contextos de inclusión social.

En todos los casos, el contraste entre las dos visiones (persona con discapacidad y profesional) es útil para identificar áreas específicas que pueden ser objeto de mejora en la planificación y provisión de los apoyos, sean los destinados a una determinada persona o, desde una perspectiva más general, los orientados al conjunto de los usuarios a los que una determinada organización distribuye apoyos. Dado el caso, por ejemplo, que la aplicación de la guía mostrara una escasa provisión de apoyos destinados a potenciar la participación comunitaria, la organización puede utilizar esta información para reflexionar acerca de las razones de esta situación y establecer acciones de apoyo que faciliten a las personas que lo desean participar más activamente en la comunidad, de acuerdo con sus intereses y motivaciones.

En resumen, la guía GAS-VI, ofrece varias posibilidades. En primer lugar, para los profesionales, es una herramienta que permite obtener información sistemática sobre los apoyos que ofrecen, a partir de la cual reflexionar sobre su adecuación y plantearse posibilidades de mejora. En segundo lugar, para las organizaciones, la guía GAS-VI permite analizar la distribución de los servicios y plantear cambios. En tercer lugar, facilita el análisis y la reflexión sobre el papel de las personas con discapacidad intelectual como personas receptoras de apoyo, pero también como núcleo de este apoyo, en el sentido de que son ellas quienes deben tener el protagonismo en el proceso de toma de decisiones. Dicho de otro modo, la guía permite recoger información para identificar aquellas dimensiones y áreas en las que los profesionales de apoyo pueden ayudar a empoderar a la persona que recibe el apoyo, ofreciendo el soporte necesario para que pueda tomar sus propias decisiones. En definitiva, no se trata de un instrumento dirigido a la obtención de datos estadísticos, sino a la recogida de información que facilite la toma de decisiones para la mejora de los apoyos.

La transición de la atención institucional a vivir de forma independiente y a participar en la comunidad debe ser entendida como algo que implica un proceso de empoderamiento y pertenencia. Por tanto, no es suficiente reestructurar el sistema institucional vigente si se pretende que esta transformación sea un proceso que garantice el ejercicio de los derechos de estas personas a través de su empoderamiento. Como se ha dicho, esta transformación implica un cambio en la relación entre la persona y el servicio, que debe contar con su cooperación en el proceso de planificación y desarrollo del apoyo que necesita, partiendo de las elecciones de la persona receptora (Duffy, 2012). Por ello, es necesario estudiar a fondo el sistema de apoyos para aproximar la transformación a lo que plantea la CDPD, y la guía GAS-VI pretende contribuir a la reflexión sobre ello.

5.2. Ejemplos de uso

En este apartado se muestran algunos ejemplos del uso de la guía GAS-VI, a partir de la práctica desarrollada por las organizaciones y personas que han colaborado en su validación. De este modo, en los tres primeros casos podemos ver testimonios de tres fundaciones diferentes sobre la aplicación de la guía, los resultados y el impacto de los cambios aplicados. En el último caso, se muestra la contribución de la guía al desarrollo institucional en la distribución de apoyos a la vida independiente.

5.2.1. La experiencia de la Asociación AMICA (Cantabria). Descripción de un caso (María José Cabo y Desiré Montes)

AMICA ha participado en la aplicación de la guía GAS-VI para valorar y mejorar los soportes para la vida independiente de las personas con discapacidad intelectual, desarrollada por el Grupo de Investigación en Diversidad de la Universidad de Girona.

Nuestro interés por el uso de la guía surge de la necesidad de contrastar la metodología de apoyos para la vida independiente con la que estamos avanzando desde 2004. La guía tomada como referencia o «estándar» de vida independiente nos ha permitido no solo comprobar y evaluar los apoyos por parte de los protagonistas, sino también la marcha de dicha metodología, analizando aspectos en los que teníamos que incidir, mejorar e incluso incorporar.

Ha sido fundamental para ello familiarizarnos con el material e implicarnos en su aplicación, reflexionando conjuntamente sobre las respuestas obtenidas y las diferencias de percepción sobre algunas de las cuestiones. También nos ha ayudado a clarificar con cada persona aquellos aspectos de su vida independiente que desea seguir compartiendo o no, con el equipo profesional que realiza los apoyos.

Presentamos a modo de ejemplo la situación de una persona con discapacidad que comparte piso desde hace más de una década, tras un periodo en el programa de formación para la vida independiente. Trabaja en un Centro Especial de Empleo. A lo largo de estos años se ha ido apoyando a esta persona en su proyecto personal y en las necesidades que han ido surgiendo.

Se le propone su participación en la GAS-VI, realizando una primera fase en diciembre del 2022. Se presenta el formulario impreso en papel, se realiza una breve explicación, poniendo algunos ejemplos y las opciones que tiene para responder, que en su caso resulta más fácil con el apoyo de las imágenes de opción de respuesta, ya que tiene dificultades de lectoescritura.

Para la aplicación del formulario, se buscan momentos de tranquilidad durante las horas de apoyo en el domicilio, se hace un pequeño resumen de las preguntas de cada área para que sepa de qué vamos a hablar y se lee ítem por ítem, señalando sobre el papel la respuesta elegida. En esta situación, en muchos de los ítems hay que hacer una explicación poniendo ejemplos y matizando para diferenciar una pregunta de otra. De esta forma responde sin dificultad.

Algunos de los ítems nos han permitido reflexionar sobre acuerdos tomados entre las personas que conviven: como quién entra en casa y en qué horarios, quién tiene las llaves, etc., celebrando una reunión con apoyo profesional para revisarlos.

Paralelamente, se realiza la aplicación del formulario por parte de los profesionales que apoyan a esta persona. Consideramos necesario que estos tengan un conocimiento global de la persona.

Posteriormente, se efectúa un análisis conjunto de los resultados obtenidos tanto del formulario de la persona, como del profesional. Se comprueba de esta forma que las dimensiones interpersonal y comunitaria requieren de revisión y mejora. Se desglosan con la persona los dos apartados, se indaga sobre los aspectos en los que necesita apoyo personalizado, las relaciones con compañeros de trabajo, las relaciones con su grupo el fin de semana y las relaciones de pareja. Y respecto a la participación comunitaria, se informa a la persona sobre qué significa hacer voluntariado y se exploran sus intereses para llevar a cabo acciones en la comunidad.

A partir de ahí se decide con la persona qué objetivos trabajar a lo largo del año y se acuerda incluir en su programa, los siguientes:

- Adquirir estrategias para encontrar solución a los problemas que se plantean en su vida diaria.
- Expresar su opinión en relación con las cuestiones que se encuentran en relación con la pareja y el apoyo que desea recibir al respecto.
- Participar en actividades de ocio de su interés.
- Definir sus intereses con relación a su participación ciudadana: voluntariado, participación asociativa, defensa de derechos, etc., prestando los apoyos necesarios para llevarlo a cabo.

Durante los seis meses posteriores a la primera aplicación, esta persona, además de los apoyos en su domicilio, participa en talleres de grupo de habilidades sociales, donde se aprenden estrategias para aplicar en las diferentes relaciones, y de bienestar creativo, donde se tratan temas de autoestima, imagen personal, conocimiento de sí misma, relaciones de pareja y sexualidad.

En el mes de julio se aplican de nuevo los formularios y, como resultado, las áreas identificadas en la primera aplicación se han visto mejoradas al menos en la participación comunitaria. Se valora necesario seguir trabajando los aspectos relativos a la toma de decisiones sobre la pareja, así como el apoyo en situaciones de conflicto con personas con las que convive y sus amistades. Cabe destacar que la persona sigue recibiendo apoyo para trabajar diferentes aspectos y que, en cuanto a la participación ciudadana, expresa que no quiere participar en actividades fuera de la entidad, ya que su tiempo disponible no le permite llevar a cabo actividades de voluntariado, pero sí quiere hacer actividades de ocio en el propio servicio o algún taller siempre que sea compatible con su horario laboral.

La aplicación de la guía GASVI ha contribuido a reforzar la visión global de las personas a las que estamos apoyando, sistematizar la revisión de las dimensiones implicadas en la vida independiente y clarificar con cada persona aquellos aspectos en los que quería ser apoyada.

5.2.2. La experiencia de la Fundació Ramon Noguera. Descripción de un caso (Ester Triadó)

El caso que presentamos es el de María (nombre ficticio), una mujer de 38 años que vive en una vivienda con otra chica. El apoyo que se presta desde la fundación es intermitente, lo que significa que no existe la figura de un educador o educadora las 24 horas, sino que se da el apoyo durante unas horas a la semana.

María trabaja en el Servicio de Lavandería de la fundación, en horario de mañanas. A nivel legal tiene asignada la figura de un asistente, que es su propio padre.

En la fundación trabajamos con la metodología de la Planificación Centrada en la Persona. Se trata de un proceso que hace énfasis en la importancia de los objetivos de vida que tiene la persona, sus deseos y sus necesidades de apoyo. El objetivo principal es focalizar las fortalezas, habilidades y las preferencias de la persona.

Con cada una de las personas usuarias elaboramos su propio Plan de Vida donde recogemos, por una parte, sus objetivos y deseos, y por la otra, los apoyos que esta persona necesita para funcionar satisfactoriamente en sus entornos de vida.

En el Plan de Vida de María, uno de los objetivos a trabajar es la mejora de la gestión económica, en el sentido de que ella quiere formar parte de él de forma activa. Cuando pasamos la guía GAS-VI, evidentemente ello representó un punto rojo, el más negativo: *2.3. La persona toma decisiones sobre el control de la economía doméstica.* Uno de los objetivos de mejora que generó la guía fue: *Establecer un programa destinado a que la persona aumente el control de su economía, concretando objetivos y fases y apoyo que la ayudará a tomar decisiones.*

A partir de aquí, hicimos una planificación conjunta del desarrollo del objetivo:

1) Reunión con el padre, para que le explique cómo se organiza el dinero que ella gana y a qué va destinado.

2) Acordar una cantidad de dinero quincenal (150 €) de los que María pueda disponer libremente. Esta cantidad de dinero será exclusivamente para sus gastos personales de ocio. El alojamiento y la manutención quedan incluidos en el copago del hogar.

3) Hacer una planificación quincenal de sus gastos en función del dinero del que puede disponer.

4) Revisar semanalmente el gasto con el apoyo de una educadora hasta que ya no necesite este apoyo.

Con esta planificación, María se ha sentido más satisfecha, ya que, a pesar de no tener el control de todo su dinero, sí que puede gestionar libremente una parte de este. También manifiesta que, de momento, no se siente preparada para la gestión global de sus gastos. Este es un trabajo a más largo plazo que, de momento y a petición suya, no se marca como objetivo a trabajar.

El caso de María y el trabajo concretamente de este objetivo lo podemos extrapolar a todas las otras personas a las que hemos pasado la guía GAS-VI. La guía es amplia y detallada, lo que facilita entrar a fondo en todos los ámbitos de la vida de la persona. También el hecho de que las propias personas la respondan nos ayuda a descubrir aspectos que son importantes para ellas y que, desde el punto de vista profesional, puede ser que no se hayan destacado, al menos, de manera clara.

Los objetivos de mejora y las propuestas que genera la guía son concretas y reales, lo que facilita su planificación y aplicación.

Esta guía es un elemento más que nos facilita el trabajo en el ámbito de la vida independiente, tal y como recoge la Convención sobre los Derechos de las Personas con Discapacidad (CDPD) de las

Naciones Unidas, y al mismo tiempo está alineada con la Misión de la Fundación Ramón Noguera, que es trabajar para garantizar los derechos de las personas con discapacidad intelectual y mejorar su calidad de vida, para contribuir a la creación de una sociedad más justa e inclusiva.

5.2.3. La experiencia de la Fundació TRESC. Descripción de un caso (Elsa Vila y Cristina Ferrer)

La Fundación TRESC trabaja en el territorio de comarcas de Girona con jóvenes y personas adultas con discapacidad intelectual o necesidades de apoyo por causas de salud mental en ámbito de formación, inclusión laboral o vida independiente.

Desde 2016, la Fundació TRESC está atendiendo a un joven de 26 años con certificado de discapacidad, ex-tutelado por la Generalitat de Catalunya, por lo que había estado viviendo durante gran parte de su infancia y juventud en hogares tutelados. Actualmente, esta persona comparte piso con otras dos personas, recibiendo apoyo a través del Programa de Apoyo a la Autonomía en el Propio Hogar. Desde TRESC trabajamos promoviendo el desarrollo de sus competencias personales y sociales, a fin de favorecer una mejor inclusión sociolaboral y potenciar su proceso hacia una vida independiente.

A partir de la aplicación de la herramienta guía GAS-VI realizada en marzo de 2023, para evaluar y diseñar un plan de apoyos más ajustado a la persona, se detectan y recogen diferentes indicadores para tener en cuenta, así como unas propuestas de mejora. Extraído del formulario realizado por la educadora que ofrece el apoyo, se valora necesario ofrecer más apoyo a su bienestar emocional y en el ámbito de relación con las demás personas.

A partir del análisis del formulario realizado por la persona que recibe el apoyo, se detecta la necesidad de ofrecer un apoyo más ajustado a las demandas y necesidades en cuanto a la gestión económica. También en el acompañamiento que se realiza en el ámbito de la salud y, en la necesidad de mejorar las habilidades relacionadas con la preparación de alimentos. La persona expresa que no se acaba de sentir a gusto en el piso donde vive en la actualidad y necesita más apoyo para establecer relaciones entre iguales más sanas.

Acordamos actuar y aplicar medidas para que la persona pueda recibir un apoyo y acompañamiento más ajustado a su demanda. Se propone que pueda ir a comprar solo, planificando previamente la lista de la compra, y después revisar la compra con la educadora para cocinar algún plato conjuntamente.

Se plantean y se acuerdan más encuentros con él para realizar el control de la economía conjuntamente, para que sea más conocedor de los movimientos, gastos y ahorro. Se intenta acordar un acompañamiento distinto con relación a la salud.

Desde el servicio de apoyo se llevan a cabo cambios en la intervención y apoyo que se le ofrece teniendo en cuenta sus demandas: más libertad en las compras, se cocina con él para promover una alimentación más saludable partiendo de sus intereses y necesidades. También se organizan espacios para que pueda expresar y compartir sus necesidades, preocupaciones e inquietudes.

En septiembre de 2023 se realiza una nueva aplicación de la herramienta guía GAS-VI. En la segunda aplicación se sigue detectando malestar con la convivencia en el piso y en el acompañamiento que se le da en el ámbito de salud. Se detecta un malestar con el apoyo que se le ofrece en la gestión de la economía. Del formulario realizado por el profesional, se valora importante revisar los apoyos que se le ofrecen para mejorar la relación con los demás y su red de apoyo.

Se siguen haciendo las reuniones trimestrales para escuchar a la persona y acompañarle, teniendo en cuenta sus deseos y necesidades. La guía GAS-VI nos ayuda a realizar el seguimiento del apoyo ofrecido, y a adaptarlo a las necesidades personales que van surgiendo.

5.2.4. La visión desde la organización. La experiencia de la Fundació Catalana de la Síndrome de Down (FCSD) (Pep Ruf y Catalina Ramon)

La Fundació Catalana de Síndrome de Down (FCSD) es una entidad privada, sin ánimo de lucro, que se constituyó en 30 de marzo de 1984 y declarada de utilidad pública el 24 de octubre del mismo año.

La misión de la Fundació es acompañar de manera sostenible a las personas con Síndrome de Down o en otras situaciones de discapacidad intelectual, o con cualquier tipo de vulnerabilidad, y a sus familias, en la satisfacción de sus necesidades, la expresión de su máximo potencial, y su plena inclusión, velando siempre por su bienestar, respeto y dignidad en su recorrido vital.

Desde el año 2001, el Servicio de apoyo a la vida independiente «Me'n vaig a casa» de la FCSD, promociona la autonomía personal y la inclusión social de la persona en situación de discapacidad intelectual, haciendo posible la oportunidad de decidir dónde, cómo y con quién quiere vivir.

En el marco de la investigación «Los procesos de apoyo a la Vida Independiente a Personas con Discapacidad Intelectual (ViDa)», desde la Universitat de Girona, se elaboró una guía para evaluar los apoyos personalizados en contextos de vida independiente (GAS-VI).

Esta guía tiene como objetivo construir un instrumento que ayude a valorar los apoyos personalizados que ofrecen servicios como el nuestro. La idea es que constituya una herramienta útil para recoger información sobre la percepción de las personas usuarias y los profesionales de apoyo, que permita reflexionar y formular, si es necesario, posibles propuestas de mejora.

Como entidad hemos participado en la fase de validación del diseño de la herramienta. Una de las fases del diseño de este instrumento es su validación en el 2008. Más tarde, en el 2020, formamos parte del grupo de trabajo donde hicimos una pequeña prueba para implementar la herramienta.

Desde la Fundació, alineamos nuestra actividad con la Convención de los Derechos de las Personas con Discapacidad (2006). Esta herramienta se focaliza en los artículos 4 y 31 de la Convención, que establece que las personas con discapacidad han de participar en las decisiones que afectan a sus vidas, incluidas las relacionadas con los apoyos que reciben.

En el 2020 comenzamos a implementar esta herramienta en nuestro servicio de vida independiente «Me'n vaig a casa» y actualmente seguimos implementándola.

Consiste en dos formularios, uno para personas que reciben apoyo y otro para los profesionales que lo ofrecen. Estos formularios se organizan alrededor de cuatro dimensiones. Para cada una se identifican unas áreas, y para cada área, unos indicadores y unos ítems.

Con relación al formulario de la persona que recibe el apoyo:

En el caso del servicio «Me'n vaig a casa», debido a que metodológicamente tenemos un Plan de Atención Personal (PAP) que incorpora las demandas, deseos y objetivos de la persona, consideramos que es una herramienta que nos puede ser de utilidad en los inicios del mismo apoyo para tener una idea de cuáles son las necesidades de la persona y lo que espera del profesional que le dará el apoyo y ajustar aún más nuestro apoyo hacia sus demandas.

A medio plazo, también puede ser de gran utilidad para medir si nuestro apoyo se sigue ajustando a sus necesidades y nuevos deseos.

Es una herramienta que se ajusta y que concreta estas demandas, y que nos permite realizar una mejora objetiva y cualitativa de los apoyos que ofrecemos.

Desde el servicio, valoramos positivamente la implementación de la herramienta, ya que nos ha dado una nueva perspectiva en nuestra tarea de apoyo. La de hacer un análisis más profundo del sentido de esta, y de cómo repercutir en una mejora de la calidad de vida de las personas en situación de discapacidad. Es un reto para mejorar y repensar nuestra manera de hacer disponiendo de una herramienta precisa y que nos orienta a cómo hacerlo.

6. Agradecimientos

Colaboraron en la primera fase de validación de la guía GAS-VI:

1) Validación del formulario para profesionales: Associació Alba, Fundació Altem, Fundació ASTRID 21, Fundació Estany, Fundació Astres, Fundació Catalana Síndrome de Down, Fundació Down Lleida, Fundació El Vilar, Fundació Pere Mitjans, Fundació Ramon Noguera, Fundació TRESC.

2) Adaptación y validación del formulario para personas que reciben apoyo: Consejo Asesor del Grupo de Investigación en Diversidad y Fundació Estany.

Han colaborado en la validación de la Guía GAS-VI en acción aplicando la nueva versión de la guía: Associació Alba, Asociación Amica, Fundació APRODISCA, Fundació Aspronis – El Vilar, Fundació Catalana Síndrome de Down, Fundació Estany, Fundació Down Lleida, Fundació Maresme, Fundació Pere Mitjans, Fundació Ramon Noguera, Fundació Sant Tomàs, Fundació TRESC, FUPAR La Factoria.

Asociación Amica, Fundació Catalana Síndrome de Down, Fundació Ramon Noguera y Fundació TRESC han participado en el Consejo Asesor durante el desarrollo del proyecto.

Dincat Federació ha participado en el Consejo Asesor y ha contribuido a la difusión del proyecto.

La publicación de este manual esparte del proyecto PDC2021-121510-I00, financiado por MICIU/AEI//10.13039/501100011033 y por FEDER, UE.

Bibliografía

Aparicio, A., Arango, P., Espinoza, R., Villate, V. y Tenorio, M. (2021). Factors leading to effective social participation promotion interventions for people with intellectual disability: a protocol for a systematic review. *Systematic Reviews*, 10(1), 1-5.

Arellano Torres, A. y Peralta López, F. (2015). Autodeterminación personal y discapacidad intelectual: un análisis desde la perspectiva de las familias.

Bigby, C., Douglas, J., Carney, T., Then, S. N., Wiesel, I. y Smith, E. (2017). Delivering decision making support to people with cognitive disability - What has been learned from pilot programs in Australia from 2010 to 2015. *Australian Journal of Social Issues, 52*(3), 222-240. https://doi.org/10.1002/ajs4.19

Bigby, C., Anderson, S. y Cameron, N. (2018). Identifying conceptualizations and theories of change embedded in interventions to facilitate community participation for people with intellectual disability: A scoping review. *Journal of Applied Research in Intellectual Disabilities, 31*(2), 165-180. https://doi.org/10.1111/jar.12390

Brown, J. y Isaacs, D. (2005). *The World Café: Shaping Our Futures through Conversations That Matter*. San Francisco: Berret-Koehler Publishers.

Cahill, C. y Guerin, S. (2023). Current and future living arrangements: The perspective of Young adults with intellectual disabilities. *British Journal of Learning Disabilities*, 51, 400-406. https://doi.org/10.1111/bld.12498406

Callus, M. y Farrugia, R. (2016). The Disabled Child's Participation Rights. Routledge. London. DOI: 10.4324/9781315615509

Chadwick, A. y Stromer-Galley, J. (2016). Digital media, power, and democracy in parties and election campaigns: Party decline or party renewal?. *The International Journal of Press/Politics, 21*(3), 283-293. https://doi.org/10.1177/1940161216646731

Chambers, D. y Coffey, A. (2018). Guidelines for designing middle-school transition using universal design for learning principles. *Improving Schools, 22*(1), 29-42. https://doi.org/10.1177/1365480218817984

Chapman, H. M., Lovell, A. y Bramwell, R. (2018). Do health consultations for people with learning disabilities meet expectations? A narrative literature review. *British Journal of Learning Disability.* 46: 118-135. https://doi.org/10.1111/bld.12222

Dew, A., Collings, S., Dillon Savage, I., Gentle, E. y Dowse, L. (2019). «Living the life I want»: A framework for planning engagement with people with intellectual disability and complex support needs. *Journal of Applied Research in Intellectual Disabilities*; 32: 401-412. https://doi.org/10.1111/jar.12538

Dyke, P., Bourke, J., Llewellyn, G. y Leonard, H. (2013). The experiences of mothers of young adults with an intellectual disability transitioning from secondary school to adult life. *Journal of Intellectual and developmental Disability, 38*(2), 149-162. https://doi.org/10.3109/13668250.2013.789099

Duffy, S. (2012). *The limits of personalization.* Tizard Learning Disability Review, 17(3), 111-123. http://doi. org/10.1108/13595471211240951

Esteban, L., Navas, P., Verdugo, M. A. y Arias, V. B. (2021). Community living, intellectual disability and extensive support needs: a rights-based approach to assessment and intervention. International Journal of Environmental Research and Public Health, 18(6), e3175. https://doi.org/10.3390/ijerph18063175

Fullana, J., Pallisera, M., Vilà, M., Valls, M. J. y Díaz-Garolera, G. (2019). Intellectual disability and independent living: Professionals' views via a Delphi study. Journal of Intellectual Disabilities, 174462951882489. https://doi. org/10.1177/1744629518824895

Fullana, J., Díaz-Garolera, G., Puyaltó, C., Rey, A. y Fernández-Peña, R. (2021). Personal Support Networks of Young People with Mild Intellectual Disabilities during the Transition to Adult Life. *International Journal of Environmental Research and Public Health, 18*(22), 11810. https://doi.org/10.3390/ijerph182211810

Frawley, P. y O'Shea, A. (2019). 'Nothing about us without us': sex education by and for people with intellectual disability in Australia. *Sex Education.* https://doi.org/10.1080/14681811.2019.1668759

García, P. S. y Lago-Urbano, R. (2020). Familia y discapacidad intelectual: necesidades percibidas en el contexto familiar. *Familia. Revista de Ciencias y Orientación Familiar (58)*, 65-80. ISSN: 1130-8893.

García Iriarte, E., O'Brien, P., McConkey, R., Wolfe, M. y O'Doherty, S. (2014). Identificación de las preocupaciones clave de las personas irlandesas con discapacidad intelectual. *Revista de Investigación Aplicada en Discapacidad Intelectual*, *27* (6), 564-575. https://doi.org/10.1111/jar.12099

Gauthier-Boudreault, C., Beaudoin, A. J., Gallagher, F. y Couture, M. (2019). Scoping review of social participation of individuals with profound intellectual disability in adulthood: What can I do once I finish school? *Journal of Intellectual and Developmental Disability*. https://doi.org/10.3109/13668250.2017.1310810

Gilmore, L. y Cuskelly, M. (2014). Vulnerability to loneliness in people with intellectual disability: An explanatory model. *Journal of Policy and Practice in Intellectual Disabilities*, *11*(3), 192-199. https://doi.org/10.1111/jppi.12089

Hall, S. A. (2017). Community Involvement of Young Adults with Intellectual Disabilities: Their Experiences and Perspectives on Inclusion. *Journal of Applied Research in Intellectual Disabilities*, *30*(5), 859-871. https://doi.org/10.1111/JAR.12276

Inclusive Research Network (2019). Doctors and us: What it is like for people with learning disabilities to go to the doctor in Ireland. Limerick: School of Allied Health, University of Limerick; Dublin: School of Social Work and Social Policy, Trinity College Dublin; Galway: National Federation of Voluntary Service Providers; Certificate in Contemporary Living/School of Applied Social Studies, University College Cork.

Kaley, A., Donnelly, J. P., Donnelly, L., Humphrey, S., Reilly, S., Macpherson, H., Hall, E. y Power, A. (2022). Researching belonging with people with learning disabilities: Self-building active community lives in the context of personalization. *British Journal of Learning Disabilities*, *50*(3), 307-320. https://doi.org/10.1111/bld.12394

Kinsella, P. (2000). The Changing Paradigm. *Paradigm*, Birkenhead.

Mansell, J. y Beadle-Brown, J. (2011). Desinstitucionalización y vida en la comunidad: Declaración del Grupo de Investigación sobre Política y Práctica Comparativas, de la Asociación Internacional para el Estudio Científico de las Discapacidades Intelectuales (IASSID). Zerbitzuan. *Revista de Servicios Sociales*, 49, 137-146. https://doi.org/10.5569/1134-7147.49.11.

McCarron, M., Lombard-Vance, R., Murphy, E., May, P., Webb, N., Sheaf, G., McCallion, P., Stancliffe, R., Normand, C., Smith, V. y O'Donovan, M. A. (2019). Effect of deinstitutionalisation on quality of life for adults with intellectual disabilities: A systematic review. BMJ Open, 9(4). https://doi.org/10.1136/bmjopen-2018-025735

McConkey, R., Keogh, F., Bunting, B., Garcia Iriarte, E. y Watson, S. F. (2016). Relocating people with intellectual disability to new accommodation and support settings: Contrasts between personalized arrangements and group home placements. *Journal of Intellectual Disabilities*, *20*(2), 109-120. https://doi.org/10.1177/1744629515624639

Merrells, J., Buchanan, A. y Waters, R. (2018). The experience of social inclusion for people with intellectual disability within community recreational programs:

A systematic review. *Journal of Intellectual and Developmental Disability*, 43(4), 381-391. https://doi.org/10.3109/13668250.2017.1283684

Merrells, J., Buchanan, A. y Waters, R. (2019). «We feel left out»: Experiences of social inclusion from the perspective of young adults with intellectual disability. *Journal of Intellectual and Developmental Disability*, 44(1), 13-22. https://doi.or g/10.3109/13668250.2017.1310822

Milot, É., Couvrette, R. y Grandisson, M. (2021). Perspectives of adults with intellectual disabilities and key individuals on community participation in inclusive settings: A Canadian exploratory study. *Journal of Intellectual and Developmental Disability*, 46(1), 58-66. https://doi.org/10.3109/13668250.2020.1805841

Mooney, F., Rafique, N. y Tilly, L. (2019). Getting involved in the community - what stops us? Findings from an inclusive research project. *British Journal of LearningDisabilities*,47(4), 241-246. https://doi.org/10.1111/bld.12283

Naciones Unidas (2006). *United Nations Convention on the Rights of Persons with Disabilities*. (en línea). Recuperado de https://www.un.org/disabilities/documents/convention/convention_accessible_pdf.pdf.

Naciones Unidas (2020). Comité sobre los Derechos de las Personas con Discapacidad, en las Directrices sobre la desinstitucionalización incluso en situaciones de emergencia (22/10/2022).

Pallisera, M., Fullana, J., Puyaltó, C. y Vilà, M. (2016). Changes and challenges in the transition to adulthood: Views and experiences of young people with learning disabilities and their families. *European Journal of Special Needs Education*, 31(3), 391-406. https://doi.org/10.1080/08856257.2016.1163014

Pallisera, M., Fullana, J., Puyalto, C., Vilà, M. y Díaz, G. (2017). Apoyando la participación real de las personas con discapacidad intelectual: una experiencia de investigación inclusiva sobre vida independiente. Revista Española de Discapacidad 20175, 5(1), 7-24.

Pallisera, M., Fullana, J., Puyaltó, C., Vilà, M., Valls, M. J., Díaz, G. y Castro, M. (2018a). Retos para la vida independiente de las personas con discapacidad intelectual. Un estudio basado en sus opiniones, las de sus familias y las de los profesionales. Revista Española de Discapacidad, 3(1), 7-29. ISSN: 2340 - 5104.

Pallisera, M., Vilà, M., Fullana, J., Díaz-Garolera, G., Puyalto, C. y Valls, M. J. (2018b). The role of professionals in promoting independent living: Perspectives of self-advocates and front-line managers. Journal of Applied Research in Intellectual Disabilities, 31, 1103-1112. https://doi.org/10.1111/jar.12470

Pallisera, M., Vilà, M., Fullana, J. y Valls, M. J. (2021). Being in control: Choice and control of support received in supported living. A study based on the narratives of people with intellectual disability and support staff. Journal of Intellectual & Developmental Disability, 46(2), 164-174. https://doi.org/10.3109/13668 250.2020.1802812

Power, A. y Bartlett, R. (2018). 'I shouldn't be living there because I am a sponger': negotiating everyday geographies by people with learning disabilities. *Disability & Society, 33*(4), 562-578. https://doi.org/10.1080/09687599.2018.1436039Puyaltó, C., y Pallisera, M. (2018). Living Independently in Spain: Barriers and Supports from the Views of People with Intellectual Disabilities. International Journal of Disability, Development and Education, 00(00), 1-14. https://doi.org/10.1080/1034912X.2018.1546833

Robinson S. y Idle, J. (2023). Loneliness and how to counter it: People with intellectual disability share their experiences and ideas. *Journal of Intellectual & Developmental Disability,* 48(1), 58-70. https://doi.org/10.3109/13668250.2022.2112510

Schalock, R. L. y Verdugo, M. A. (2007). El concepto de calidad de vida en los servicios y apoyos para personas con discapacidad intelectual. *Siglo Cero*, 38(224), 21-36. http://sid.usal.es/idocs/F8/ART10366/articulos2.pdf

Schieffer, A., Isaacs, D. y Gyllenpalm, B. (2004). The World Café: Part One. *World Business Academy*. Transformation, 18(8), 1-7.

Seale, J. (2014). The role of supporters in facilitating the use of technologies by adolescents and adults with learning disabilities: ¿A place for positive risk-taking? European Journal of Special Needs Education, 29(2), 220-236. https://doi.org/10.1080/08856257.2014.906980

Simplican, S. C., Leader, G., Kosciulek, J. y Leahy, M. (2015). Defining social inclusion of people with intellectual and developmental disabilities: An ecological model of social networks and community participation. *Research in developmental disabilities, 38*, 18-29. https://doi.org/10.1016/j.ridd.2014.10.008

Stjernborg, V. (2019). Accessibility for all in public transport and the overlooked (social) dimension-A case study of Stockholm.

Tan, S. y Brown, J. (2005). The World Café in Singapore: creating a learning culture through dialogue. *The Journal of Applied Behavioral Science,* 41, 83-90.

Villaescusa, M. y Yurrebaso, G. (2022). Persones amb discapacitat i soledat. *Educació social.* Revista d'intervenció socioeducativa, 80, 97-116, https://doi.org/10.34810/EducacioSocialn80id392650

Wilson, N.J., Jaques, H., Johnson, A. y Brotherton, M. L. (2017). From social exclusion to supported inclusion: Adults with intellectual disability discuss their lived experiences of a structured social group. *Journal of Applied Research in Intellectual Disabilities, 30*(5), 847-858. DOI: 10.1111/jar.12275

Wullink, M., Veldhuijzen, W., van Schrojenstein Lantman-de Valk, H. M., Metsemakers, J. F. y Dinant, G. J. (2009). Doctor-patient communication with people with intellectual disability-a qualitative study. *BMC Family Practice, 10*, 1-10. https://doi.org/10.1186/1471-2296-10-82

FT-2